Marte, nuestro misterioso vecino

ediciones SM Joaquín Turina 39 28044 Madrid

Ilustraciones: cubierta, p. 20, © Doug McLeod 1987; pp. 4, 5 (superior), 24 (izquierda), United States Geological Survey; pp. 5 (inferior), 14-15 (superior), National Space Science Data Center; p. 6, Lowell Observatory; pp. 7 (superior), 8, 10-11 (superior), 17 (superior), Jet Propulsion Laboratory; pp. 7 (inferior), 9, 11 (inferior), 12, 13 (superior), 14 (inferior), 15 (inferior), 16, cortesía de la NASA; p. 10 (inferior), © John Foster 1988; p. 13 (inferior), © John Waite 1987; p. 26, © Michael Carroll 1985; pp. 17 (inferior), 24 (derecha), © Michael Carroll 1987; p. 18, © Kurt Burmann 1986; p. 19 (superior), © Kurt Burmann 1987; pp. 19 (inferior), 27, © Julian Baum 1988; p. 21 (superior), © David Hardy; p. 22, © Paul DiMare 1985; p. 23 (superior), © MariLynn Flynn 1985; pp. 21 (inferior), 25, © MariLynn Flynn 1987; p. 23 (inferior), © Ron Miller 1987; pp. 28-29, © Sally Bensusen 1987.

Colección coordinada por **Paz Barroso** y **María Córdoba**

Traducción del inglés: María Córdoba
Título original: *Mars: Our Mysterious Neighbor*

© Texto: Nightfall, Inc., 1988
    Realización: Gareth Stevens, Inc., and Martin Greenberg, 1988
    Formato: Gareth Stevens, Inc., 1988
    Cubierta: Doug McLeod

© Ediciones SM, 1989
    Joaquín Turina, 39 - 28044 Madrid

Este libro fue publicado por primera vez en 1989 por Gareth Stevens, Inc., Milwaukee, Wisconsin

Comercializa: CESMA, S.A. - Aguacate, 25 - 28044 Madrid

ISBN: 84-348-3230-5
Depósito legal: M-29823-1990
Fotocomposición: Grafilia, S.L.
Impreso en España/*Printed in Spain*
Melsa - Ctra. de Fuenlabrada a Pinto, km 21,8 - Pinto (Madrid)

ÍNDICE

Introducción

El Universo donde vivimos es un espacio enormemente grande. Sólo en los últimos 50 años hemos aprendido lo inmenso que es realmente.

Es natural que queramos conocer el lugar donde vivimos. El avance de la técnica ha hecho posible el desarrollo de nuevos instrumentos que nos ayudan a conocerlo, como cohetes, radiotelescopios, satélites... que nos enseñan muchas más cosas sobre el Universo de lo que yo pudiera haber imaginado de joven.

Hoy podemos observar algunos planetas de cerca. Hemos aprendido mucho sobre los quásares y los púlsares, los agujeros negros y las supernovas. Hemos conocido algunos hechos asombrosos sobre el origen del Universo y podemos hacernos alguna idea de cómo podrá morir. ¡Y es realmente apasionante!

Hace miles de años, la gente miraba al cielo y veía que ciertos astros brillantes cambiaban de posición noche tras noche. Los griegos los llamaron «astros errantes», pero nosotros hemos traducido este término con el nombre de «planetas».

Uno de esos planetas es de color rojo, casi tan rojo como la sangre. Recibió el mismo nombre que el dios romano de la guerra, Marte, porque los romanos, al verlo, asociaron el color rojo de la sangre con la guerra. Y de eso quiero hablarte en este libro, del planeta Marte y de todo lo que hemos aprendido recientemente sobre él.

— *Isaac Asimov* —

* Las palabras señaladas con asterisco aparecen explicadas en el vocabulario que hay al final del libro.

USGS

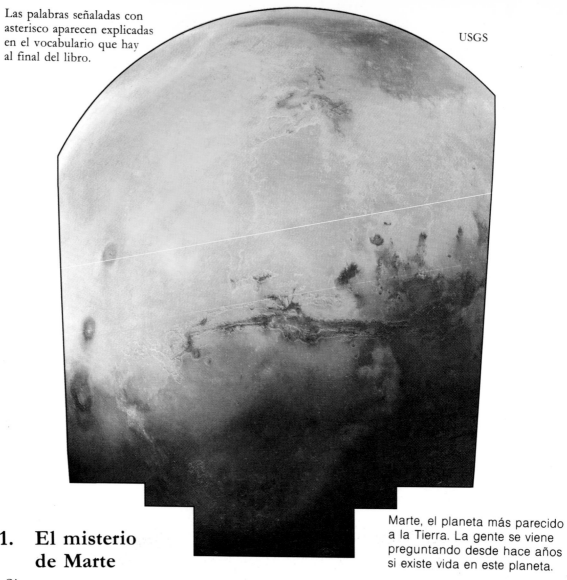

Marte, el planeta más parecido a la Tierra. La gente se viene preguntando desde hace años si existe vida en este planeta.

1. El misterio de Marte

Si tomamos como punto de referencia el Sol, vemos que el planeta* siguiente a la Tierra es Marte*. Éste es el planeta más próximo a nosotros, pero... ¿qué es lo que sabemos acerca de Marte, nuestro misterioso vecino? La verdad es que sabemos bastantes cosas, pero, aun así, Marte sigue siendo un planeta envuelto en el misterio. Sabemos que es más pequeño que la Tierra: su tamaño es casi la mitad, y tiene sólo la décima parte de la masa* de la Tierra. No obstante, Marte tarda en dar una vuelta sobre sí mismo, su movimiento de rotación, 24 horas y media. Su eje* tiene una inclinación de 24° —casi como el de la Tierra, que es de 23°—, lo que supone cuatro estaciones al año, como en la Tierra. Marte es más frío que nuestro planeta porque está más alejado del Sol, y tiene unos casquetes* blancos de hielo en los polos. De todos los planetas de nuestro sistema solar es el más parecido a la Tierra, tanto que, durante años, la gente se ha preguntado y se pregunta si existen criaturas vivientes en Marte. Y si es así... ¿cómo son? Éste es uno de los grandes misterios de Marte.

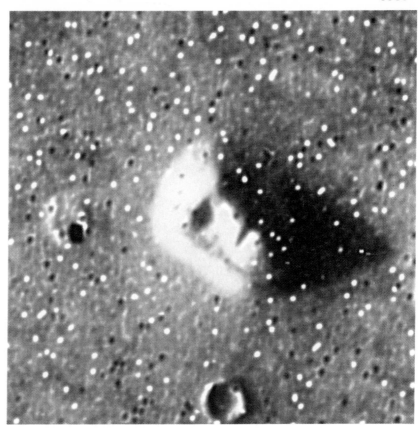

En esta fotografía se muestra con detalle un trozo de la superficie del planeta Marte. ¿No crees que el objeto que hay en el centro parece una cara?

Una fotografía del paisaje marciano a la salida del Sol. Esta maravillosa vista fue tomada por el *lander** del *Viking 1,* que aparece en primer plano.

2. Un mundo desierto

Si existieran criaturas en Marte, tendrían que soportar un clima durísimo.
Hace muchos años, los astrónomos descubrieron que Marte tenía una fina
atmósfera* y que debía de haber muy poca agua en el planeta. La superficie
de Marte parecía ser un gran desierto. Pero en 1877 se descubrieron unas
líneas oscuras en la superficie del planeta. Un astrónomo americano,
Percival Lowell, empezó a estudiarlas. Pensaba que esas líneas eran
canales*, construidos por seres inteligentes que querían hacer llegar el agua
de los polos a las zonas desérticas del resto de Marte. Lowell escribió
varios libros acerca de ello y durante un tiempo mucha gente creyó que
existía vida en nuestro planeta vecino.

Lowell Observatory

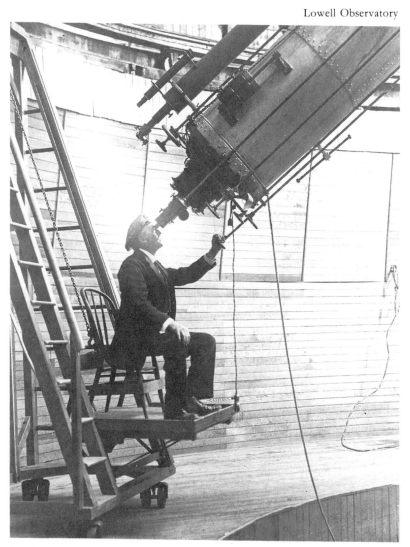

Percival Lowell, en una fotografía de 1905. Aquí aparece el
investigador mirando de día hacia el planeta Venus, a través de un
telescopio que ha estado en uso continuo desde 1897.

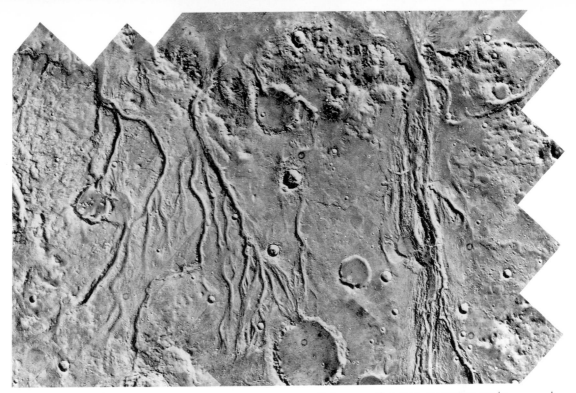

JPL

NASA

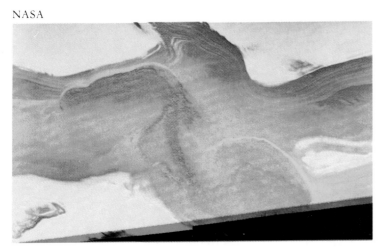

Estos canales que aparecen en la superficie de Marte fueron excavados por el paso del agua que corría a través de ellos en algún momento del pasado de Marte. Éstos no son los mismos «canales» que vio Lowell. Hoy, los astrónomos creen que éstos fueron sólo una ilusión óptica*.

Verano en el Polo Norte de Marte. A través de las nubes que aparecen sobre el casquete polar se ve con claridad el agua helada. También se observan las grandes extensiones de tierra que se encuentran debajo.

¡Llamando a todos los marcianos!

Durante algún tiempo la gente estuvo tan convencida de que existía vida inteligente en Marte que empezaron a pensar en la posibilidad de enviar mensajes al planeta. Un científico sugirió que podrían cavarse unos grandes triángulos y cuadrados en Siberia, llenarlos de gasolina y prenderles fuego durante la noche. Así, los marcianos podrían ver estas señales con sus telescopios y empezarían, a su vez, a buscar algún tipo de señal que enviarnos como respuesta. Incluso en los años ochenta la gente creía que existía vida en el planeta. En 1938, el actor Orson Welles presentó un programa radiofónico en el que decía que los marcianos estaban invadiendo Nueva Jersey. Cientos de personas lo creyeron y trataron de huir. Montaron en sus coches e intentaron escapar de unos marcianos que en realidad no existían.

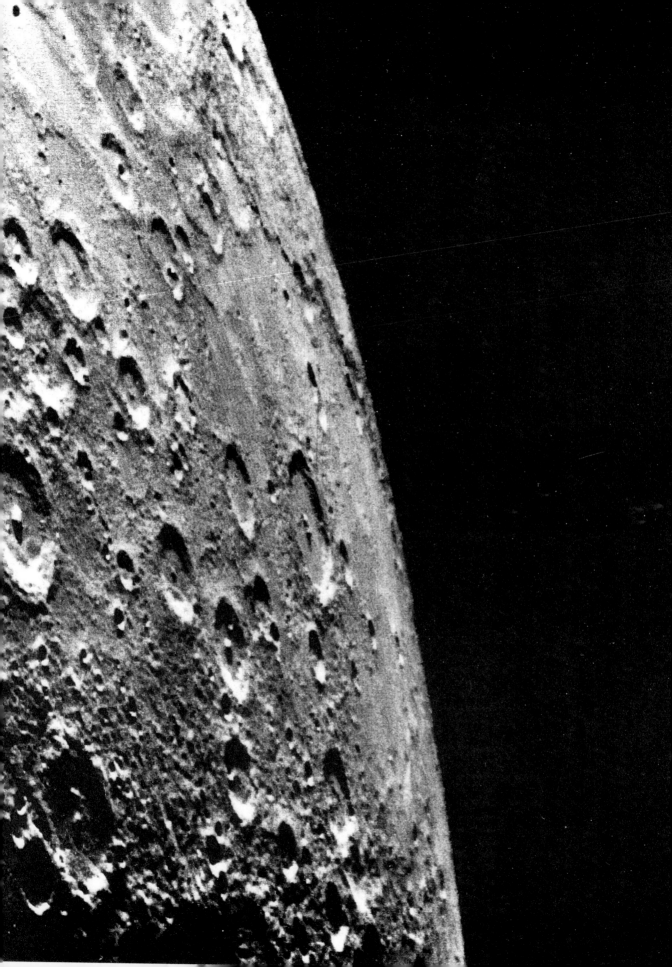

3. ¿Se parece Marte a la Luna?

Hemos visto que durante años la gente ha creído que podía haber vida en Marte. Finalmente, cuando los científicos empezaron a enviar cohetes al planeta, pareció que podrían empezar a responderse algunas preguntas. En 1964 la nave espacial *Mariner 4** llegó a las proximidades del planeta Marte. En julio de 1965, esta sonda pasó a 9 600 km del planeta y tomó 19 fotografías de cerca, que fueron las primeras que llegaron a nosotros. Estas fotografías nos revelaron la existencia de cráteres* en Marte, muy parecidos a los que hay en la Luna. Nos confirmaron que la atmósfera de Marte es muy fina, con un espesor de 1/100 respecto a la atmósfera terrestre, y que allí no hay canales. Marte parece ser, pues, un mundo muerto.

NASA

Cámara de televisión de la nave espacial *Mariner 4*. La cámara tomó varias vistas de Marte cuando pasó junto a él. Las grabó en una cinta y luego nos la transmitió a nosotros. Cada toma tenía un duración de unas ocho horas y cada transmisión duraba unos siete días.

Izquierda. Esta vista de la región sur de Marte se parece a la Luna. Durante años mucha gente ha creído que existía vida en Marte. Los científicos saben que no es muy probable. Unos lo creen y otros lo dudan... ¿Qué crees tú? ¿Te gustaría conocer a los marcianos?

4. Más cerca de Marte

En 1971 llegó a Marte una nueva nave, el *Mariner 9**. Estuvo dentro de la órbita del planeta y tomó muchas fotografías. Gracias a ellas se han podido hacer buenos mapas del planeta entero. Definitivamente, después de estas investigaciones, llegamos a la conclusión de que no existen canales en Marte. Las fotos mostraban que esas oscuras líneas eran sólo una ilusión óptica. Lo que sí aparecieron fueron numerosos cráteres y volcanes extinguidos*. Uno de ellos, llamado monte Olimpo*, era mucho más grande que cualquier volcán de los que hay en la Tierra. Las fotografías también mostraban un enorme cañón —llamado el valle del Mariner* porque fue lo primero que descubrió la nave— que es mucho más grande que el Gran Cañón del Colorado. Se demostró, en fin, que la superficie de Marte era mucho más interesante que la de la Luna, aunque probablemente se trate de un mundo muerto.

JPL

La Tierra no es el único lugar del sistema solar en el que se producen cambios de tiempo. El planeta rojo es famoso por las tormentas de polvo que se dan en él. Aquí ves el aspecto que presenta el valle del Mariner durante una tormenta de polvo.

NASA

Diez fotos del *Viking 1.* Si las unimos, obtenemos
una imagen clara de parte del oeste del valle del
Mariner. Los surcos que aparecen aquí, con forma
de canales, fueron originados probablemente
por el polvo arrastrado por el viento y por el
fluir del agua durante el deshielo.

El monte Olimpo, un volcán extinguido en
Marte. Es el volcán más grande conocido
de los que existen en todo el sistema solar.
Ésta es una fotografía coloreada de
las que tomó la nave *Viking.*

Una ilusión óptica

*¿Por qué Percival Lowell vio unos canales en Marte que en realidad no existían?
Era un buen astrónomo que utilizaba un buen telescopio y trabajaba en Arizona,
una zona excelente, en donde el aire era claro. Probablemente distinguió, con
dificultad, unas pequeñas manchas oscuras en Marte. Pero lo que vio lo confundió
con una red de líneas rectas. La explicación es sencilla. A veces, en la escuela,
los profesores hacen con sus alumnos trabajos como éste: les enseñan, de lejos,
unos círculos con pequeñas manchas oscuras. Los chicos dicen que lo que han
visto son líneas rectas. Es una ilusión óptica, probablemente lo que le sucedió
a Lowell.*

5. Un nuevo aspecto de Marte

En 1976 dos naves más llegaron a Marte: el *Viking 1** y el *Viking 2**. Primero giraron en órbita sobre Marte. Luego descendieron y se posaron en la superficie del planeta. Aterrizaron con éxito. Mientras atravesaban la atmósfera marciana, la analizaron. La atmósfera de Marte, que es una capa muy fina, está compuesta en su mayor parte —un 95 % aproximadamente— por dióxido de carbono*. El resto está compuesto por nitrógeno y argón. Esto quiere decir que en la atmósfera de Marte apenas hay oxígeno —no pasa del 0'3 %—. Y lo que es más, la superficie de Marte es tan fría como la Antártida o, incluso, más. La poca agua que hay en Marte debe de estar congelada.

Unas señales muy extrañas

Las sondas que estudiaron el planeta Marte descubrieron unas extrañas marcas en la superficie del planeta. Parecían canales que marcaban los lechos de unos ríos con forma curvada, como si en verdad hubieran existido ríos en el planeta. Unos canales pequeños corrían hacia otros más grandes, como los afluentes de los ríos que encontramos en la Tierra. Daba la sensación de que ciertamente había habido en algún momento del pasado de Marte agua en estado líquido, que formaba auténticos ríos y, quizá, incluso lagos. Si esto fuera cierto, ¿qué ocurrió con esa agua? ¿Está ahora toda ella congelada en el suelo del planeta? Y si Marte tuvo alguna vez agua y ríos, ¿tuvo una atmósfera más gruesa? ¿Existía por tanto vida en Marte? No podemos saberlo con seguridad.

En 1976 Marte fue fotografiado por el *Viking 1*, cuando la nave estaba situada a 557 000 km por encima de él. El monte Olimpo es visible en la parte superior izquierda del planeta. A su derecha hay otros tres volcanes, que se hallan en la región de Tharsis. NASA

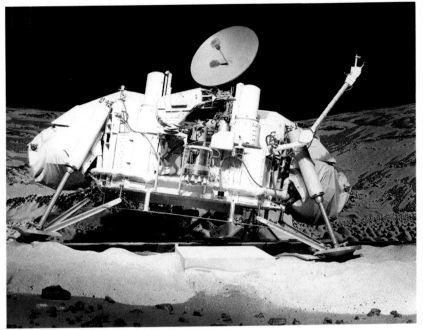

Cada nave espacial *Viking* transportaba un *lander* que tomó
fotografías de la superficie del planeta. Ésta es una maqueta exacta
de un *lander* posado sobre Marte.

El monte Olimpo, que tiene una altura de 26 400 m, es más
alto que cualquier pico de la Tierra. La cordillera que
aparece al fondo muestra los picos de Marte. La fila central,
de izquierda a derecha, muestra algunos altos montes
de la Tierra, como el Everest, que mide 8 848 m; el Rainier,
que mide 4 393 m, y el Montblanc, con sus 4 807 m. Y por
último, en primera fila, aparecen el Fuji, de 3 777 m, y el
St. Helens, de 2 950 m.

6. En busca de vida

Las sondas *Viking* tomaron fotografías de la superficie de Marte. Pero hicieron aún algo más: llevaron un equipo especial con el que tomar muestras del suelo marciano. Si existieran formas microscópicas de vida, en las muestras recogidas se producirían cambios químicos. Las sondas tomaron fragmentos del suelo marciano e hicieron tres pruebas distintas para ver si se producían efectivamente dichos cambios. Había cambios, pero no era cierto que fueran indicio de vida. No detectaron carbono en las muestras recogidas, componente esencial para el desarrollo de la vida. Lo que sí es cierto es que la superficie de Marte es incluso más interesante que la de nuestra propia Luna, aunque se trate de un mundo muerto.

La superficie de Marte presenta un aspecto muy similar al de un desierto rocoso de nuestra Tierra. Las sondas espaciales recogieron algunos trozos del suelo del planeta para estudiar las posibles formas de vida. Ninguna de estas tomas mostraron señales de vida.

NASA

El horizonte marciano, tal como lo fotografió el *lander* del *Viking 1*. El brazo de muestreo (a la izquierda) obtuvo fragmentos de suelo en los que se buscó la presencia de señales de vida.

NASA

Otra vista de Marte desde el *lander*. Ésta es una vista a color de una zona del planeta similar a la que aparece en blanco y negro en la página 14.

7. Las lunas de Marte

Marte tiene dos pequeños satélites* naturales, o lunas: Fobos y Deimos. Pero no son dos lunas esféricas gigantes, como nuestra Luna. Deben de ser satélites prisioneros que quedaron atrapados dentro de la órbita de Marte cuando pasaron junto a él, debido a la gran fuerza de gravedad del planeta. Vistos desde la Tierra, parecen dos pequeños puntos luminosos; pero las sondas nos transmitieron abundantes noticias y fotografías de ambos. Los vieron claramente. Tienen forma de patata y está toda su superficie recubierta de cráteres. El diámetro más largo de Fobos es de 27 km, y el de Deimos sólo tiene 16 km. A causa de su pequeño tamaño y de que están muy próximos a Marte, estos pequeños satélites no fueron descubiertos hasta 1877. Fueron descubiertos mucho antes los grandes satélites de Júpiter y de Saturno.

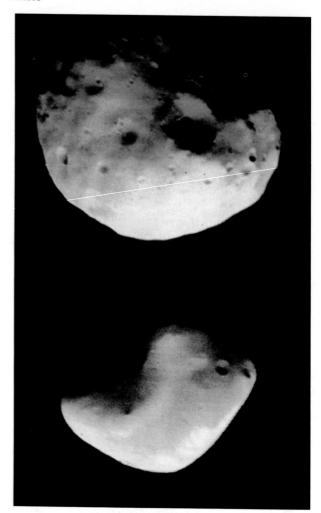

Satélites marcianos. Arriba, Fobos. Abajo, Deimos. Fobos tarda en completar su órbita alrededor de Marte sólo 7 horas y 40 minutos. Deimos lo hace en 30 horas.

Aunque en principio no suceda nada...

Los satélites de Marte fueron descubiertos por un astrónomo americano llamado Asaph Hall. En el año 1877, este astrónomo, noche tras noche, miraba a través de su telescopio al espacio, en dirección a Marte. Pero como no encontraba nada, decidió abandonar sus estudios y se lo comunicó a su mujer, que se llamaba Angelina Stickney. Pero ella le dijo: «Inténtalo una noche más». Y así lo hizo. Esa misma noche, Hall descubrió los dos satélites de Marte. Hoy, el gran cráter que hay en la superficie de Fobos se llama Stickney, en honor a la mujer que animó a Hall para que no abandonara su proyecto.

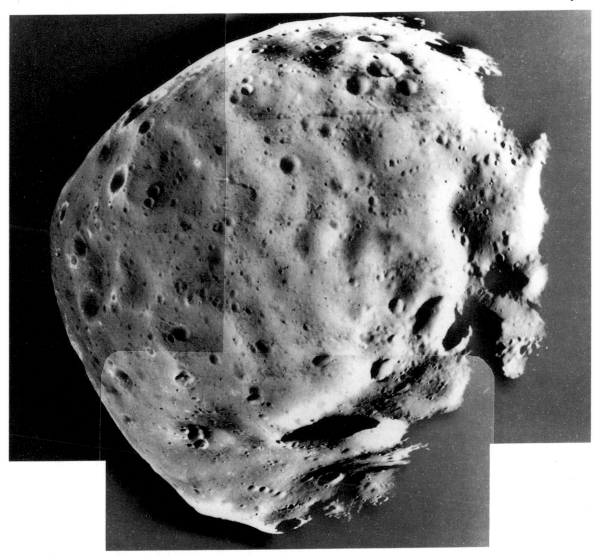

© Michael
Carroll 1987

El orbitador del *Viking 1* tomó varias fotografías. Al unirlas, vemos
la imagen casi completa de Fobos. El cráter que se ve aquí
fue producido, probablemente, por el impacto de rocas cósmicas.

La misión soviética Fobos de 1989.
Uno de sus objetivos es dejar un
lander en Fobos para que
fotografíe y mande noticias de este
satélite con el fin de mapear
su superficie y estudiar la
composición de sus capas
interiores.

8. Muestras de Marte

Marte está mucho más lejos de nosotros que la Luna y es difícil llegar a él. Pero los científicos están planeando futuras misiones espaciales. La Unión Soviética y Estados Unidos planean enviar naves espaciales a Marte y a Fobos. Su propósito es descargar un vehículo automático, o *rover*, como el que se envió a la Luna. El *rover* marciano podrá recorrer toda la superficie del planeta y estudiar la composición de su superficie como se hizo con la Luna. Enviarán luego otras naves que se encargarán de excavar el suelo y tomar muestras del planeta para enviárnoslas a la Tierra. Aquí, en nuestro planeta, el suelo de Marte será estudiado con mayor detenimiento.

Fobos, una luna con prisa

Fobos está a sólo 9 296 km de distancia del centro de Marte. Compara esta luna con la nuestra, que está a 380 800 km de distancia del centro de la Tierra. De todos los satélites que hay en el sistema solar, Fobos es el más cercano a su planeta y el que se mueve con mayor rapidez. Mientras que nuestra Luna tarda cuatro semanas en completar su órbita alrededor de la Tierra, Fobos tarda en realizar su viaje alrededor de Marte... ¡sólo 7 horas y 40 minutos! El viaje alrededor de Marte dura menos tiempo que la rotación del planeta sobre su propio eje. Si estuvieras un día en la superficie de Marte, o si fueras un marciano, verías a Fobos salir por el oeste, atravesar rápidamente el cielo, y ponerse por el este.

Un dibujo imaginario de una posible misión a Marte. Observa la línea aerodinámica de la nave, que podría ayudarla a maniobrar en la atmósfera de Marte para acercarse más despacio al planeta.

© Kurt Burmann 1986

Unos paracaídas podrían ayudar
a la nave a aterrizar suavemente en
la superficie de Marte.

Una concepción imaginaria del artista sobre la misión conjunta
que podrían realizar Estados Unidos y la URSS. En la ilustración
aparecen dos *rovers* avanzando a través del polvo de la superficie
de Marte.

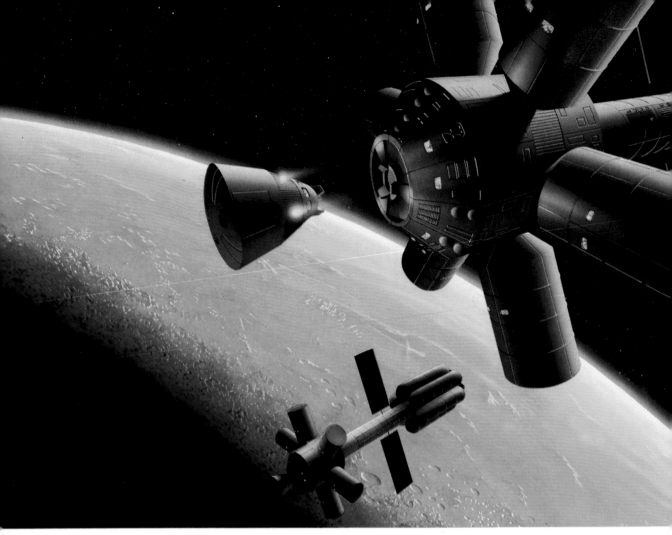

Una misión conjunta de la URSS y EEUU a Marte puede ser posible en el futuro. Los astronautas y los cosmonautas podrán ir desde la Tierra, aunque tardarán dos años en ir y volver. Si esto se cumple, será necesario que toda la tripulación hable bien el ruso y el inglés, ¿no?

9. Viaje al planeta rojo

Muchas de las cosas que hemos llegado a conocer acerca del maravilloso planeta Marte no habrían sido descubiertas sin la ayuda de naves como los *Viking* y los *Mariner*. Pero no debemos detenernos aquí. Aprenderemos muchas más cosas si dentro de las naves espaciales viajan astronautas hasta Marte. Pero no es tarea fácil, porque tardarían dos años en ir y volver. Algunas personas creen que es una empresa demasiado grande para realizarla una sola nación. A lo mejor, cuando trabajen juntos EEUU y la URSS, se enviará una expedición a Marte. Podrán explorar nuestro misterioso vecino, estudiar sus cráteres, sus cañones, sus volcanes, sus casquetes de hielo y todo lo que se encuentra allí. Cuanto aprendamos nos ayudará a conocer mejor nuestro propio planeta, la Tierra.

Bruma en un cañón de Marte. Al fondo están las
montañas cubiertas de hielo. No existe hoy agua en
estado líquido en este planeta, aunque quizá existió en
algún momento del pasado.

Preciosa vista del valle Kasei, en Marte. Podría realizarse un viaje a Marte,
pero hay que tener en cuenta que se tardarían dos años en ir y volver. Por
eso, tendría que realizarlo alguien a quien le apasionara la idea de viajar.
¿Te gustaría hacerlo a ti?

10. Colonias en Marte

¿Qué haremos nosotros si, efectivamente, el hombre llega a Marte?
Podemos imaginar colonias en la Luna, porque a la Luna se llega en un
viaje rapidísimo de sólo tres días. Marte está mucho más lejos, pero es un
mundo con posibilidad de ser habitado. Su fuerza de gravedad es 2/5 la de
la Tierra, mientras que la de la Luna es sólo 1/6 la de la Tierra. Marte
tiene una fina capa atmosférica que puede proteger a sus habitantes de los
impactos meteóricos y, un poco, de la radiación, mientras que la Luna no
tiene atmósfera. En Marte hay algo de agua, y en la Luna no. Podemos
imaginar ciudades subterráneas construidas en Marte o, incluso, protegidas
por una gran bóveda en la misma superficie. Y si podemos contar con la
Luna como posible lugar de vida humana, podemos pensar también que
algún día habrá vida en Marte. Así, tendremos tres mundos habitables
diferentes: la Tierra, la Luna y Marte.

Una misión muy especial podría consistir en transportar a la gente en naves
espaciales hasta el planeta rojo, pasando por su luna, Fobos. Aquí vemos cómo
los miembros de la tripulación trabajan en un satélite de comunicaciones que
hará posible que se pongan en contacto y hablen con los habitantes de la Tierra.

© Paul
DiMare 1985

Marte visto
por dos
exploradores
desde Fobos.
Marte aparece
como un
enorme
planeta rojo.

Una colonia imaginaria del futuro en Marte. La gente viviría con medios totalmente artificiales: las casas, los trajes espaciales, los vehículos, etc., para poder desenvolverse en una atmósfera marciana. Aterrizar en la colonia sería tarea relativamente fácil, y el suelo rocoso podría proporcionar también un buen lugar de despegue.

23

11. Explorando Marte

¿Qué podrían hacer los exploradores espaciales en Marte? Si llegaran a establecerse colonias en Marte, podríamos enviar grupos de exploradores a todas las partes del planeta. Imagínate a un explorador conduciendo un vehículo especial y llevándolo a través de un cañón para recorrer sus 4 800 km de largo; a un grupo de montañeros en un volcán gigante, estudiando el interior del cráter; a los exploradores caminando sobre las capas o casquetes de hielo que hay en los polos. Sabemos que estos casquetes contienen dióxido de carbono congelado, además de agua en este mismo estado. Pero podemos aprender aún muchas cosas de Marte estudiando sus casquetes polares. Podemos encontrar minerales interesantes y materiales diversos que nos ayuden a comprender cómo fue en realidad Marte hace millones de años.

El Polo Sur de Marte tiene algo en común con el Polo Sur de la Tierra: ¡hielo!

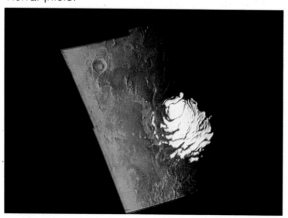

USGS

Glaciares de hielo se desplazan lentamente sobre la superficie de Marte, como hace millones de años se deslizaron en la Tierra, formando los valles, con este mismo movimiento lento y progresivo.

Cuando los hombres lleguen a Marte, podrán explorar el interior de
volcanes apagados como éste, el Hecate Tholus.

Las lunas de Marte... ¿nos descubrirán algo de la Tierra?

*Fobos y Deimos no se parecen a Marte. Marte tiene una superficie rojiza y brillante,
pero las superficies de Fobos y Deimos son muy oscuras. Este hecho se debe,
probablemente, a que los dos satélites del planeta fueron, anteriormente,
asteroides*. Algunos meteoritos oscuros impactan, ocasionalmente, en la Tierra.
Contienen pequeñas partículas de agua y carbón mezclados, componentes que
aparecen en algunas formas de vida. Quizá sea más interesante estudiar la
superficie de los satélites de Marte que el propio planeta. ¿Podría esto ayudarnos
a averiguar cómo se originó la vida sobre la Tierra? Sólo lo sabremos cuando
lleguemos allí.*

12. ¿Un planeta rojo y azul?

Otras muchas cosas, más excitantes incluso que lo que acabamos de ver, son posibles en Marte. Los colonizadores de Marte deberán ser capaces de hacer que el planeta sea lo más parecido posible a la Tierra, es decir, deberán crear un planeta terriforme. A lo mejor pueden construir grandes depósitos de agua en forma de asteroides. Y añadir los gases que le faltan a la atmósfera. Entonces Marte podría atraer mayor cantidad de luz del Sol y ser un planeta más caliente. El agua no estaría congelada en ese caso y podría formar un océano. También deberían añadir bastante oxígeno para hacer el aire respirable. Así, muchos animales y plantas podrían ser llevados al planeta. Realizar todo esto llevaría muchísimos años, pero Marte puede ser, algún día, una pequeña Tierra.

En un Marte terriforme, los humanos podrían no depender de medios artificiales para respirar, para producir calor y frío, o para tener grandes reservas de agua. La nueva climatización podría mantener la vida humana «de modo natural».

© Julian Baum 1988

Izquierda. Si nosotros podemos alterar el clima y la atmósfera de Marte para hacer de él un planeta terriforme, también podemos derretir el casquete de hielo del Polo Norte para crear un gran océano.

Ficha de síntesis: Marte

Marte es el séptimo planeta en tamaño —la Tierra ocupa el quinto lugar— y el cuarto planeta en proximidad al Sol. Es, además, el planeta que más se acerca a la órbita de la Tierra. Es el último de los planetas «interiores», es decir, del grupo de planetas más próximos al Sol, que son los que están antes de llegar al cinturón de asteroides: Mercurio, Venus, Tierra y Marte. Después del cinturón de asteroides aparecen los planetas «exteriores», es decir, Júpiter, Saturno, Urano, Neptuno y Plutón. La inclinación del eje de Marte es similar a la del eje de la Tierra, por lo que su día tiene casi la misma duración.

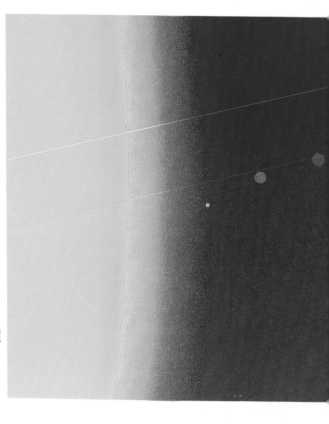

Marte tiene también cuatro estaciones al año, como la Tierra, pero, al estar más alejado del Sol, su año dura algo más que el nuestro. Eso significa que sus estaciones son más largas. Tiene unos casquetes blancos de hielo en los polos y sus temperaturas son mucho más frías que las de la Tierra.

A la derecha está Marte, y aquí, a la izquierda, sus dos pequeños pero bien conocidos satélites: Fobos, arriba, y Deimos, abajo.

Las lunas de Marte

Nombre	Diámetro	Distancia desde el centro de Marte
Fobos	20-28 km	9 378 km
Deimos	10-16 km	23 459 km

Planeta	Diámetro
Marte	6 786 km
Tierra	12 756 km

El Sol y su familia de planetas

El Sol con su familia, el sistema solar. De izquierda a derecha, empezando por arriba, están: Mercurio, Venus, Tierra, Marte, Júpiter, Saturno, Urano, Neptuno y Plutón.

Datos comparativos de Marte y la Tierra

Período de rotación (duración del día)	Período de órbita alrededor del Sol (duración del año)	Lunas	Gravedad en la superficie	Distancia al Sol	Tiempo mínimo que tarda la luz en llegar a la Tierra
24 h, 37 min	687 días (1,88 años)	2	0,38*	207-249 mill. de km	3,1 minutos
23 h, 56 min	365,25 días (un año)	1	1,00*	147-152 mill. de km	

* Multiplica tu peso por este número para ver lo que pesarías en Marte y en la Tierra.

Más información sobre Marte

En los libros:

Te recomendamos algunos libros en los que encontrarás más información sobre el planeta Marte:

— *Nuestro sistema solar*, n° 2 de la colección «Biblioteca del Universo», Isaac Asimov. Ediciones SM, 1989.
— *Cohetes, sondas y satélites*, n° 9 de la colección «Biblioteca del Universo», Isaac Asimov. Ediciones SM, 1989.
— *Estrellas, galaxias y planetas*, Giancarlo Favero. Ediciones Generales Anaya.
— *El espacio*, Daniel Issaman y Jenny Tyler. Editorial Anaya. Este libro incluye juegos para tu ordenador.
— *El Universo*, José Luis Comellas, colección «Aula abierta». Ed. Salvat.
— *La exploración de Marte*, Sérsic, colección «Labor». Ed. Labor.

En el vídeo:

Se han hecho muchísimas películas de ciencia-ficción que plantean las diferentes posibilidades de vida en un planeta parecido a la Tierra, como Marte. Aquí tienes algunas de ellas:

— *Aelita*, Jacob Protazanov, 1924.
— *La guerra de los mundos*, Byron Haskin, 1953.
— *La conquista del espacio*, Byron Haskin, 1955.
— *Contaminación: Alien invade la Tierra*, Luigi Cozzi, 1980.
— *Adiós, Júpiter, adiós*, Koji Hashimoto, 1984.
— *Invasores de Marte*, Tobe Hooper, 1986.

La enciclopedia audiovisual COMBI va acompañada de películas de vídeo. El volumen número 9, *Las puertas del Universo*, incluye un apartado titulado «¿Hay vida en Marte?». Podéis pedir a vuestro profesor que os lo ponga. Editado por Didaco.

Lugares que puedes visitar:

Si quieres conocer más cosas acerca de los planetas de nuestro sistema solar, seguro que te apasionará hacer una visita a un planetario. Tienes uno en Madrid y otro en Barcelona.

Podéis pedir a vuestro profesor que os lleve a visitar un observatorio astronómico. Así conoceréis los instrumentos que se emplean para estudiar el espacio exterior. Tenéis uno en Tarragona, el observatorio del Ebro; otro en Santiago de Compostela, el observatorio astronómico R. M. Aller; otro en Barcelona, el observatorio de Pradesaba; otro en Madrid, en la calle Alfonso XII, n° 3, etc.

En Barcelona tienes también el Museo de la Ciencia, que cuenta con una sala dedicada al espacio: cohetes, astros, planetas...

VOCABULARIO

Asteroides: Pequeños planetas compuestos de roca o metal. Hay miles de ellos en nuestro sistema solar, y orbitan, generalmente, alrededor del Sol, entre Marte y Júpiter. Pero es posible encontrarlos en otros lugares del sistema solar; algunos, como meteoroides, y otros, como lunas «cautivas» de planetas como Marte.

Atmósfera: Capa gaseosa que envuelve algunos planetas. La atmósfera de la Tierra está compuesta de oxígeno y otros gases.

Canales: Surcos o lechos por los que corre el agua de los ríos de un lugar a otro. En un principio se pensó que los surcos oscuros que se divisaron en la superficie de Marte eran canales construidos por extraterrestres con el fin de hacer llegar el agua de los casquetes polares a las zonas desérticas del planeta.

Casquete polar: Cobertura permanente de hielo y otros elementos situada en uno o en los dos extremos de un planeta.

Cráter: Agujero en la tierra provocado por el impacto de un meteorito o por erupciones volcánicas. Marte tiene muchos cráteres.

Dióxido de carbono: Gas que compone la mayor parte de la atmósfera marciana, un 95%. Cuando respiran los seres humanos y los animales, expelen dióxido de carbono.

Eje: Línea imaginaria que atraviesa un planeta, pasando por sus polos y su centro. Alrededor de él rota el planeta. El eje de la Tierra la atraviesa de Polo Norte a Polo Sur.

Extinguido: Apagado, sin actividad.

Ilusión óptica: «Algo» que percibe el ojo humano, la cámara o el telescopio, pero que no es lo que parece ser. Por ejemplo, las líneas oscuras que vio Lowell en Marte con su telescopio le parecieron una perfecta red de canales, como si se tratara de surcos o lechos de ríos. En realidad fue una ilusión óptica a través de un telescopio.

«Lander»: Módulo de aterrizaje de las naves espaciales.

«Mariner 4»: Sonda espacial que pasó en 1965 a 9 600 km de Marte y fotografió el planeta.

«Mariner 9»: Sonda enviada a Marte en 1971. Orbitó alrededor del planeta y envió 7 300 fotografías en excelentes condiciones.

Marte: Dios de la guerra en la mitología romana. A él debe su nombre el planeta Marte.

Masa: Cantidad de materia.

Monte Olimpo: Enorme volcán marciano extinguido.

Planeta: Cada uno de los cuerpos que se mueven alrededor de nuestro Sol. La Tierra es uno de ellos, y Marte, otro.

Satélite: Un cuerpo que gira alrededor de otro de mayor tamaño. La Luna es el satélite *natural* de la Tierra.

Valle del Mariner: Enorme cañón en Marte.

«Viking 1 y 2»: Sondas espaciales que han aterrizado en la superficie de Marte y nos han enviado información sobre el planeta.

ÍNDICE ALFABÉTICO